運命を変える

偉人の言葉

はじめに

たった一つの言葉が、人の運命を大きく変えることがあります。悩んでいる時に聞いた言葉が勇気をくれたり、人生に迷っている時に目にした言葉が自分の道を見つけるヒントになったりするのです。

本書は、古代ギリシアの哲学者や日本の名僧、アメリカの実業家など、世界で活躍した偉人達の言葉を集めました。長い年月を経てもなお色褪せない言葉が、今を生きるあなたに希望や力を与えますように。

Index

第1章　自分を磨きたいとき

成し遂げようと決めた志を、
たった一度の敗北によって捨ててはいけない。

ウィリアム・シェイクスピア（劇作家）

物事はもっとやってみれば、
もっとできるものである。

ウィリアム・ヘイズリット（作家）

君がつまずいてしまったことに興味は無い。
そこから立ち上がることに関心があるのだ。

エイブラハム・リンカーン（第16代アメリカ合衆国大統領）

私の成功の秘訣が
一つだけあるとすれば、
ずっと子どもの心のままで
いたということです。

アルベルト・アインシュタイン（物理学者）

子どもは無邪気で、何事にも決めつけがありません。自分の気持ちに正直で、どんなことにも恐れずに飛び込んでいきます。時には子どものような心で物事に取り組んでみましょう。柔軟な発想と大胆な行動力を発揮すれば、驚くような成果も手にできるでしょう。

99％の失敗は、言い訳を言うクセを持っている人々に起こる。

ジョージ・ワシントン・カーヴァー（植物学者）

ピーナッツなどの研究で功績を残したカーヴァーの言葉。言い訳ばかりをする人は、物事の原因や状況を正確に把握できず、同じような失敗を繰り返してしまいます。言い訳をやめて過ちを正直に認めれば、失敗から学ぶことができ、自分を着実に成長させられるでしょう。

どんなに失敗しても、
窮地に陥っても、
自分にはいつか強い運が
向いてくるものだと
気楽に構え、前向きに努力した。

高橋是清（政治家）

留学先でだまされて奴隷契約を結んでしまったり、大蔵大臣として金融恐慌の危機に立ち向かうなど、高橋是清は様々な窮地に陥りました。しかし、それでも挫けずに努力を重ね、困難を乗り越えていったのです。前向きさと忍耐力があれば、どんな壁でも克服できるでしょう。

不満を持つことは、進歩するためには欠かせないことである。

トーマス・エジソン（発明家）

仕事や家庭、人間関係など、不満の種はあちこちにあります。しかしそれに文句を言うだけでは、状況は変わりません。大切なのは不満を意欲に変えること。本当はどうありたいかを明確にし、そこに向けて改善や努力を試みましょう。そうすれば不満から幸福を生み出すことができるのです。

書物を読むということは、
他人が苦労して
成し遂げたことを、
容易に自分に取り入れて、
自己を改善する
最良の方法である。

ソクラテス（哲学者）

失敗の中でも最悪のものは、
何ひとつ失敗を
自覚しないことである。

トーマス・カーライル（評論家）

イギリス思想界を代表する、19世紀の評論家の言葉。失敗したことより、それを失敗だと自覚できないことの方が問題です。自覚できなければ改善もできず、同じことを繰り返してしまい、時間も労力も無駄にしてしまうでしょう。そのような損失を防げるよう、自分を省みることを大切に。

強敵がいなくなれば、こちらの力も弱くなる。

徳川家康（江戸幕府初代将軍）

競争や勝負の世界には、多くのライバルが存在します。自分の道や成功を阻む厄介な存在でもありますが、彼らがいるからこそ自分の腕を磨き、成長しようとする意欲がわいてくるのです。ライバルは成長を促し、視野や世界を広げてくれる貴重な存在なのです。

「そのうちに」を口ぐせにしている人は、永久に「そのうち」を繰り返す。

朱子（儒学者）

朱子学の創始者である、儒学者の言葉。「今は忙しいから」と言って物事を先送りにしていると、手が付けられないまま時間だけが過ぎてしまいます。すると、せっかくのチャンスや可能性を逃してしまうことも。余分な後悔を増やさないよう、できることはすぐ行動に移しましょう。

口がうまいことよりも、実際に行動に移すほうが勝る。

ベンジャミン・フランクリン（政治家）

アメリカの独立宣言の起草に関わり、数々の発明も残したフランクリンの言葉。壮大な目標や理想を饒舌に語っていても、実際の行動が伴わなければ実現には近づきません。どんなに小さな一歩でも、実際の行動に移すこと。それを心がければ、物事の達成度がぐんと上がるでしょう。

失敗しない人間は、
多くの知っておくべきことを
知る機会を失う。

ジョン・ワナメイカー（実業家）

デパートビジネスで成功した、アメリカの実業家の言葉。誰でも、失敗は避けたいと思うもの。しかし失敗をしなければ、自分の力量を知り、改善策を練る機会が得られないのです。失敗は私達の視野を広げ、器を大きくしてくれる貴重なもの。失敗を恐れずに行動し続けましょう。

足を速めれば速めるほど、
つまずく可能性は
大きくなるが、
どこかにたどり着く
可能性も大きくなる。

チャールズ・ケタリング（科学者）

人目のつかないところで、
善い行いをしなさい。

道元（曹洞宗の開祖）

賢者とテーブルに向かい合っての1対1の会話は、10年にわたる読書、勉強にまさる。

ヘンリー・ワーズワース・ロングフェロー（詩人）

『人生讃歌』など数々の詩を書いた、19世紀のアメリカの詩人の言葉。優れた人との会話は、短い時間でも多くの学びや知恵にあふれています。賢人との会話は、自分を大きく飛躍させるチャンス。積極的に会話をすれば、たくさんの気づきや発見を受け取れます。

志と欲をはき違えてはならない。

一遍（時宗の開祖）

「こうありたい」という志は私達を努力に向かわせ、成長へ導く大切なもの。しかし、それが自分の利益だけを求める欲だった場合、周囲の人を蹴落としてまで達成しようとするなど、人としての道を誤ってしまいます。自分の目指すものが志なのか欲なのかを見極め、欲は捨てるようにしましょう。

長い目で見れば、
「努力をしない天才」よりも、
「才能のない努力家」の方が
多くのことを成し遂げる。

ジョン・ラボック（銀行家）

19～20世紀のイギリスの銀行家の言葉。努力は人を磨きます。自分には才能がないと思っても、謙虚に努力して学び続ければ、様々な能力が磨かれ、多くのことを達成できるようになります。成功に必要なのは、才能よりも努力。誰もが、大きなものを成し遂げる可能性を持っているのです。

英知とは、元から
備わっているものではない。
我々が自分で発見して
いかねばならないものだ。

マルセル・プルースト（作家）

『失われた時を求めて』で有名なフランスの作家の言葉。英知とは、真理をとらえる深い知恵のこと。それがあれば物事を深く理解し、最善の考えや行動を選ぶことができるでしょう。そしてその知恵は、日々の経験や学びの中で得てゆくもの。物事を深く考える姿勢が、あなたの英知を磨くのです。

知恵に近づくには、
まずは沈黙し、
次に相手の話に耳を傾け、
第三にそれを自分の中で吸収し、
第四にそれを実践に移し、
最後は人に教えてみることだ。

ソロモン・イブン・ガビロル（哲学者）

11世紀のスペインの哲学者の言葉。知恵を得るためには、心を開いて新しい考えを受け入れ、実践すること。そして最後に、得た知識を人に教えてみることが大切です。人に教えることで自分の理解度が把握でき、足りない部分を補うことができます。教えることは、教わることでもあるのです。

脱皮できない蛇は滅びる。

フリードリヒ・ニーチェ（哲学者）

実存哲学の先駆者として活躍したニーチェの言葉。刻々と変わりゆく社会の中で、昔のやり方や環境に縛られていると、自分を変えることができず、成長が止まってしまいます。変化は不安や苦痛を伴うものですが、その先には新しい可能性が待っています。変化を恐れない勇気を持ちましょう。

勇気とは恐れを持たぬ
ことではない。
恐れを感じたとき、
それに打ち勝つことである。

マーク・トウェイン（作家）

「一生懸命やって勝つこと」

の次に素晴らしいのは、

「一生懸命やって負けること」

である。

ルーシー・モード・モンゴメリ（作家）

『赤毛のアン』を書いた、カナダの作家の言葉。勝負の最大の目標は「勝つこと」ですが、一生懸命やって負けたのなら、それもまた素晴らしいこと。負けたことで自分の力量や課題がわかり、今後の成長につなげることができるからです。負けたことを悔やまず、自分の力に変えていきましょう。

怒ることを知らないのは
愚かである。
しかし、怒ることを知って
よく忍ぶ者は賢い。

イギリスのことわざ

怒りは、物事を正すのに必要なもの。しかし、感情のままに怒ると、物事や人間関係を壊す恐れがあります。怒りの感情に翻弄されず、冷静に自分の考えや要求を伝えること。それができれば、状況をスムーズに変えることができ、周囲からの信頼や評価も得られるでしょう。

何冊もの本を読んでも、一つの言葉をしっかりと身につけている人にはかなわない。

良寛（曹洞宗の僧）

江戸時代後期、質素な庵に住み、平易な言葉で民衆に語りかけた名僧の言葉。多くの知識を持っているのも素晴らしいことですが、実際に活かしていなければ意味がありません。知識は、実践することで恩恵を得られるもの。知ることばかりでなく、実際に活用することを心がけましょう。

英雄とは
自分のできることをした人だ。
ところが凡人は
そのできることをしないで、
できもしないことを
望んでばかりいる。

ロマン・ロラン（作家）

小説『ジャン・クリストフ』でノーベル文学賞を受賞したフランスの作家の言葉。どんな夢も、地道な努力の積み重ねで成し遂げられるもの。しかし、その努力を嫌って、奇跡やチャンスを待っていては、夢はいつまで経っても遠いままです。今できることをするのが、成功への近道なのです。

与えられたるものを受けよ。与えられたるものを活かせ。

エピクテトス（哲学者）

奴隷としてローマに渡り、ストア派哲学を学んだエピクテトスの言葉。人と比べて、自分にはあれもこれもないと嘆くこともあるでしょう。しかし、今の自分が持っているものもたくさんあるのです。ないものねだりをせず、自分に与えられたものを活かせば、多くの恵みが得られるでしょう。

行動しなさい。そうすれば力が湧いてきます。

ラルフ・ワルド・エマーソン（思想家）

自分の内にある自由や真理を探求し、コンコードの哲人と言われた思想家の言葉。意欲が出ない時も、何かしら行動を起こせばやる気が出てきます。行動は、目標につながるようなものでなくてもいいのです。どんなに小さくても、動けば風が起こります。そして、前に進む力が得られるでしょう。

幸運の女神は
準備されたところに
やってくる。

ルイ・パスツール（細菌学者）

もともと地上に道はない。
歩く人が多くなれば、
それが道になるのだ。

魯迅（作家）
『故郷』

『阿Q正伝』などで有名な中国の作家の言葉。今では当たり前になっていることも、その道を信じて歩き出した人がいたことで現実になったのです。どんなに未知数のことも、始めてみれば誰かが共感し、力を貸してくれるかもしれません。勇気を持って踏み出すことが道を開き、未来を創るのです。

第2章　豊かな人間関係をつくりたいとき

自分の能力を認められたいなら、
人の能力を認めてやる必要がある。

ヨハン・ヴォルフガング・フォン・ゲーテ（劇作家）

朋友はわが喜びを倍にし、
悲しみを半ばにする。

キケロ（政治家、哲学者）

我々は、他人に幸福を分け与えることにより、
それと正比例して、
自分の幸福を増加させるのだ。

ジェレミー・ベンサム（経済学者）

人の言葉は
善意に解釈しなさい。
そのほうが五倍も賢い。

ウィリアム・シェイクスピア（劇作家）

『ハムレット』など、数多くの戯曲を残したシェイクスピアの言葉。人の言葉は、良い方にも悪い方にも解釈できるもの。それは自分が自由に選べるのです。それならば、前向きに受け取りましょう。心が明るくなり、気づきや成長のきっかけにもなります。

事が生じたときに味方になってくれる人こそ、真の友だちである。

釈迦（仏教の開祖）

生きていく中で、私達はたくさんの人と出会います。その中でも、自分が困った時や窮地に陥った時に手を差し伸べてくれる人。その人こそが真の友人なのです。そういう人を心から大切にし、また自分も相手に対してそういう存在であろうとすれば、いい関係を築けるでしょう。

直接会って話すのが、お互いの悪感情を一掃する最良の方法である。

エイブラハム・リンカーン
（第16代アメリカ合衆国大統領）

相手に対して言いたいことや不満がある時は、直接会って話すようにしましょう。電話やメールなど、伝える手段は他にもありますが、お互いの表情や細かな感情が伝わりにくく、誤解を生むもとになります。言いにくくても直接会って話す方が誠意も伝わり、信頼関係が深まるでしょう。

人間は、
その人の受け答えではなく、
その人が発する問いによって
判断すべきだ。

ヴォルテール（哲学者）

フランスの啓蒙主義を代表する哲学者の言葉。相手がどんな人かを判断するには、その人が何に疑問や問題意識を持っているかを見るのが大切です。どんなことに関心や興味を寄せているかに注目すれば、その人の価値観や生き方が見え、相手をより深く理解することができるのです。

難しい用語を使って
話をしたところで、
相手にはほとんど伝わらない。
話は相手に伝わってこそ
意味をなす。

新井白石（政治家、儒学者）

江戸中期に『正徳の治』という政治改革を行った新井白石の言葉。どんなに優れた話も、言葉が難しくて相手に伝わらなければ何の意味もありません。話す目的は、相手に自分の考えを理解してもらうこと。相手が理解しやすいように工夫してこそ、会話は意味をなすのです。

人に対して感じるいらだちや不快感は、自分自身を理解するのに役立つことがある。

カール・グスタフ・ユング（精神科医）

人の言動やうまくいかない状況にイライラすることもあるでしょう。そんな時、怒りに支配されるのではなく、ひと呼吸置いて自分を客観視してみましょう。すると、自分が何に怒りを感じ、どうしたいのかが見えてきます。感情は、自分をより深く知るためのサインとして活用しましょう。

弱い者は、
許すということができない。
許すことができるのは、
強い者だけだ。

マハトマ・ガンジー（政治指導者）

行く言葉が美しければ、
来る言葉も美しい。

韓国の格言

人格者は無益な言葉を発することはない。

栄西（臨済宗の開祖）

鎌倉時代に建仁寺を開き、禅を広く伝えた栄西の言葉。言葉は、人の心に大きな影響を与えます。不満や文句ばかりを言っていると、後ろ向きの気持ちになり、意欲が削がれてしまいます。言葉を発するなら、前向きで明るい言葉を使うなど、自分や人の役に立つようにしましょう。

真理の矢を投げるなら、その先端を蜜に浸せ。

アラブのことば

真理は、物事や状況を正しい方向に導くもの。しかし時に、人の欠点や失敗を指摘する場合もあります。真理を曲げることはできませんが、伝える時は相手が受け取りやすいように工夫しましょう。思いやりを持って伝えれば、相手を傷つけることなく改善の方向へ向かえるでしょう。

腹が立ったら、何か言ったり、したりする前に十まで数えよ。それでも怒りがおさまらなかったら百まで数えよ。それでもだめなら千まで数えよ。

トーマス・ジェファーソン
（第3代アメリカ合衆国大統領）

アメリカ独立宣言を起草し、初代国務長官を務めたジェファーソンの言葉。感情まかせに怒りをぶつけると、周囲との関係を壊し、大きな損害を生む可能性があります。怒りを感じたら、まず自分を落ち着かせましょう。冷静になれば、不満を解消する適切な方法も見つかり、安全に対処できます。

賢い人は聞き、愚か者は語る。

ソロモン（古代イスラエルの王）

多弁な人は一見博識に見えますが、本当に賢い人は、自分の持つ知識をひけらかすことはしません。自分が語るより、人の話を聞いて視野を広げることに価値を置いているのです。多くを語らず、人の話に真摯に耳を傾ける人こそ、豊かな知識を蓄え、物事を深く理解しているのです。

住まいの在るところが
故郷なのではない。
理解してもらえる
ところこそ故郷なのだ。

クリスティアン・モルゲンシュテルン
（詩人）

嘘は決して
口にしてはならない。
しかし、真実の中にも
口にしてはならないものが
ある。

ユダヤの格言

真実の中には、人を傷つけるものもあります。嘘をつく必要はありませんが、言わなくていい真実は、口をつぐんでそっとしておきましょう。全てを明らかにしようとして、人の心を置き去りにする必要はないのです。時には無言の優しさが、真実以上の力を発揮することもあるのです。

人の夢にケチをつけたがる
心の狭い人間には近づくな。
本当に器量の大きい人間は
「あなたも成功できる」と
思わせてくれるものである。

マーク・トウェイン（作家）

『トム・ソーヤの冒険』で有名なアメリカの作家の言葉。無謀と思えるような夢や目標も、応援してくれる人がいれば挑戦する勇気がわいてきます。批判や反対ばかりする人ではなく、励ましと力を与えてくれる人を大切に。そうすれば可能性や能力が引き出され、大きな成功をつかめるでしょう。

人からよく思われたいなら、自分の美点をまくしたてないことだ。

ブレーズ・パスカル（数学者、哲学者）

16歳で『パスカルの定理』を発見した、フランスの数学者の言葉。自分をよく見せようとすると、かえって周囲からの評価を下げてしまいます。自慢せず、おごらない人に、人は好感を持つもの。謙虚な姿勢でいれば、あなたの美点や魅力が自然と輝き、周囲にも伝わっていくでしょう。

舌は禍福《かふく》の門。

老子（思想家）

何気なく言った言葉が、思いがけない災いを呼ぶことがあります。自分の口にする言葉が、相手にどう響くのか、そして後々どのような影響を及ぼすかをよく考え、言葉を選んで話すようにしましょう。周りのことを思いやって話せば、人からの信頼や幸福を得ることにもつながります。

尊敬を受けたいのなら、
自分を敬うことが大切だ。
自分を大切にすることによって、
周りもあなたを大切に
するだろう。

フョードル・ドストエフスキー（作家）

『罪と罰』など、数々の名作を残したロシアの文豪の言葉。人に認めてもらいたいなら、まずは自分で自分を尊重するようにしましょう。穏やかな自信はあなたの芯を強くし、周囲も自然に一目置くようになるはず。あなたの価値は、あなたが認めることから始まるのです。

慰めの言葉が
口から出ないのも、
思いやりの一つである。

ヴォルフガング・アマデウス・モーツァルト
（作曲家）

人の中に眠る
すばらしさを
掘り起こすのは、
称賛と励ましである。

チャールズ・M・シュワブ（実業家）

広く好かれれば好かれるほど、深く好かれないものだ。

スタンダール（作家）

19世紀に『赤と黒』『恋愛論』などを書いたフランスの作家の言葉。多くの人に好かれようとすると、自分の本音を隠しがちに。しかし人との関係を深めるには、正直な自分を見せることが大切です。時に衝突することがあっても、それを乗り越えて結ばれる絆は、揺るぎないものになるでしょう。

見えないところで友人のことを良く言っている人こそ信頼できる。

トーマス・フラー（神学者）

様々な格言を残したイギリス出身の神学者の言葉。本人のいないところで悪口を言うのはたやすいこと。しかしそこで相手をほめる人は、その人を心から大切に思い、少しのことでは裏切らない誠実さを持っているのでしょう。見えないところでの行動こそ、その人の人間性を表すのです。

他人と会話すれば、人生がよい方向に回転していく。

蓮如（浄土真宗の僧）

親鸞の教えをわかりやすく人々に説いた、室町時代の僧の言葉。自分一人で考えることも大切ですが、人と会話すれば新しい発想や考えが得られます。話すことで自分の考えも整理でき、心も落ち着くでしょう。人との会話には、多くの学びや発見の種が眠っているのです。

真心を持って
人を助けることは、
自分を救うことになる。
これは、人生における
最も素晴らしい報酬の
一つである。

ラルフ・ワルド・エマーソン（思想家）

親身になって人を助ければ、めぐりめぐってその恩恵があなたのもとに返ってきます。人に親切にするあなたの姿を見て、周囲の人が信頼を寄せるようになり、困っている時には助けの手を差し伸べてくれるでしょう。真心を込めて人に与えたものは、あなたにも与えられるのです。

天使とは美しい花をまき散らす者ではなく、苦悩する者のために戦う者である。

フローレンス・ナイチンゲール（看護師）

美しさを愛でるのではなく、苦しむ人を救うために信念を持って行動する。クリミア戦争で負傷した兵士を献身的に看護した、ナイチンゲールの姿に重なる言葉です。愛は飾ったり語るものではなく、行動によって示すもの。愛を持って行動する時、それは人を救う大きな力になるのです。

他人の重荷を
軽くしてあげられる人は、
誰もが、かけがえのない
人である。

チャールズ・ディケンズ（作家）

人生における唯一の意義とは、人のために生きることである。

レフ・トルストイ（作家）

『戦争と平和』『アンナ・カレーニナ』などの名作を残した、ロシアの作家の言葉。人のために生きようとすると、自分の内に眠る力が引き出され、大きく成長できます。相手の喜びや幸せをともに感じ、心満たされることも多くなるでしょう。人のために生きれば、人生は一層鮮やかに輝くのです。

第3章　仕事で成果を上げたいとき

誰かが大いなる成功を収めたということは、
他の誰もが成功できる、という証明である。

エイブラハム・リンカーン（第16代アメリカ合衆国大統領）

仕事をするときは上機嫌でやれ。

アドルフ・ワグナー（経済学者）

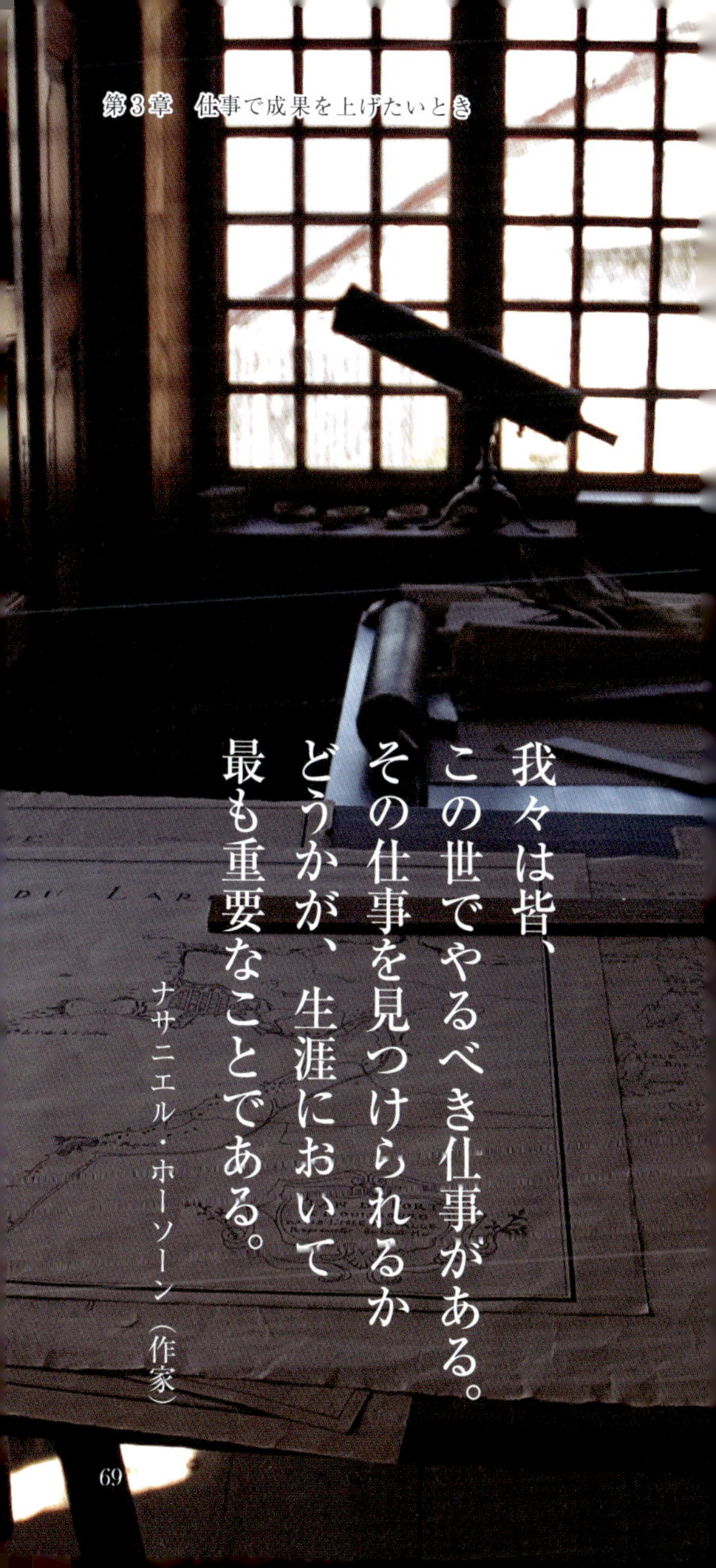

我々は皆、
この世でやるべき仕事がある。
その仕事を見つけられるか
どうかが、生涯において
最も重要なことである。

ナサニエル・ホーソーン（作家）

できることを
すべて実行してみれば、
必ずや自分自身でも
驚くような結果が
得られるだろう。

トーマス・エジソン（発明家）

自分にできることは、どんどんやってみましょう。行動する中で多くの発見や改善点が見つかり、自分の力を伸ばせます。どんなに小さな成果も、積み重ねていくうちに強い自信になっていくでしょう。できることを実行し続ければ、大きな成果を生み出せるのです。

計画のない目標は、ただの願いごとにすぎない。

アントワーヌ・ド・サン＝テグジュペリ（作家）

目標は、行動を積み重ねることで実現するもの。そのためには計画を立てることが重要です。計画がなければ何をしたらいいのかがわからず、貴重な時間や労力を無駄にしてしまうでしょう。計画は、目標実現への道のりを示し、達成へと導く大切な地図なのです。

人を動かして
説得しようとする者は、
まず己が感動し、
己を説得しなければならない。

トーマス・カーライル（評論家）

人は理屈だけではなく、情熱によって動かされるもの。人から押し付けられたことには抵抗を示しますが、自分がしたいと思うことには意欲的に取り組んでくれるのです。人に情熱を伝えるには、まず自分が深く感動し、納得していることが大切。人の情熱に火をつけるのは、自分の情熱なのです。

仕事を追え、仕事に追われるな。

ベンジャミン・フランクリン（政治家）

仕事に追われると、こなすことで精一杯になってしまいます。失敗も起こりやすく、仕事から学ぶ余裕もなくなってしまうでしょう。仕事は追うものという姿勢を持ち、余裕を持って取り組みましょう。意欲が高まって様々なアイデアが浮かびやすくなります。仕事を追えば、成果も上がるのです。

偉大なことを
成し遂げる人は、
いつも
大胆な冒険者である。

シャルル・ド・モンテスキュー（哲学者）

弱い人間はチャンスを待ち、強い人間はチャンスをつくる。

オリソン・スウェット・マーデン（作家）

19世紀、成功哲学の本を数多く著したマーデンの言葉。チャンスがいつ来るかは、誰にもわかりません。それをただ待つより、自ら動いてチャンスをつかみにいきましょう。積極的に行動すれば、周囲の評価が高まり、活躍の場を与えられることも。意欲を持って動く人に、運は味方するのです。

今は現実となっているものも、
かつては空想のものでしか
なかったのだ。

ウィリアム・ブレイク（画家、詩人）

数々の幻想的な絵画や詩を残したブレイクの言葉。今では当たり前になっているものや技術も、最初は一人の夢や空想から始まり、数々の努力を経て現実となっていったのです。どんなに無謀そうに思える夢でも、実現の可能性はあります。それを信じて努力すれば、いつの日か花開くでしょう。

時を得る者は栄え、時を失う者は滅ぶ。

列子《れっし》（思想家）

中国春秋戦国時代の思想家の言葉。一日は24時間、誰にも平等に与えられています。しかしその時間をどう使うかで、得られる恩恵は大きく変わるのです。限られた時間を学びや自己投資など有意義に使えば、大きな見返りを得られるでしょう。自己成長には時間を味方につけることが重要です。

よく遊ぶ者は、よく勉《つと》める。

アナカルシス（哲学者）

プラトンやソクラテスとともに賢者と称えられるアナカルシスの言葉。よく遊んで気力を充実させれば、仕事や勉強にも一層身が入ります。遊びを通じて多くの人に出会い、色々な場所に行けば、自分の世界が広がってアイデアもわきやすくなるでしょう。遊びは仕事の質も高めてくれるのです。

好きなことを仕事にすれば、一生働かなくてすむ。

孔子（思想家）

好きなことには、意欲や情熱が自然とわきます。やればやるほど楽しく、技術や腕もどんどん上がっていくでしょう。好きなことを仕事にすれば、働いているという感覚もなく、喜びや充実感を持って取り組めます。楽しんで仕事をすれば成果も上がり、人々に多くの喜びをもたらすでしょう。

必要とされている。
そのことに気づくと、
気分がよくなり、
やる気が出るものだ。

フランツ・ヨーゼフ・ハイドン（作曲家）

政界の大物を招いた特別なパーティーで、ハイドンは皆を感動させる素晴らしい音楽を奏でました。依頼主や人々への期待に応えたいという気持ちが、ハイドンの創造力を高めたのでしょう。誰かに必要とされていることを自覚すれば、自分でも予期せぬ大きな力を発揮できるのです。

天職とは、
己の情熱を
そのまま職業にすることだ。

スタンダール（作家）

失敗は
尊い人生塾のようなもの。
塾で学ぶからこそ、
その人間は磨かれるようになる。

貝原益軒《えきけん》（儒学者）

自然科学にも幅広く通じていた、江戸時代初期の儒学者の言葉。自分の失敗を嘆き、落ち込むこともあるでしょう。しかし、人は失敗を経て成長するのです。大切なのは失敗を失敗で終わらせず、そこから学ぼうとする意識を持つこと。それがあれば、失敗も怖くなくなります。

明日は何とかなると思う馬鹿者。今日でさえ遅すぎるのだ。賢者はもう、今日済ませている。

チャールズ・クーリー（社会学者）

『鏡に映る自我』という概念を主張した、アメリカの社会学者の言葉。目の前のことを今日やるか、明日やるか。その決断が人生を大きくわけてゆくのです。目の前のことを片付けておけば、チャンスが突然舞い込んできても、しっかりとつかめます。行動が早い人は、時の運を味方にできるのです。

私は環境など信じない。成功する人間は、自ら自分の望む環境を探す人であり、自分でそれを作り出す人である。

ジョージ・バーナード・ショー（劇作家）

イギリスの近代演劇を確立し、53本もの戯曲を残した劇作家の言葉。自分を取り巻く環境は、工夫次第で変えられるもの。力が十分に発揮できない環境にいるなら、適した環境に変えたり移動すればいいのです。環境に不満を抱くより、自ら動く。その方が早く成功に近づけるでしょう。

誹謗中傷への最高の返答は、黙って仕事に精を出すことである。

ジョージ・ワシントン（初代アメリカ合衆国大統領）

誹謗中傷に心を痛めたり、自分の言い分を主張してやり返そうとすると、徒労感が募って泥沼にはまることもあるでしょう。そんな時は誹謗中傷に振り回されるのをやめ、目の前のやるべきことに専念しましょう。純然たる結果で返せば、人からの揶揄を一掃でき、自分への誇りも持てます。

リーダーとは
「希望を配る人」
のことである。

ナポレオン・ボナパルト（軍人）

人々のために
曲を書くときのほうが、
そうでないときよりも
ずっと美しい曲を
書くことができる。

ルートヴィヒ・ヴァン・ベートーヴェン
（作曲家）

奉仕を主とする事業は栄え、利得を主とする事業は衰える。

ヘンリー・フォード（実業家）

フォードは、世界初の実用的大衆車『T型フォード』を開発し、三大自動車メーカーにまでのぼりつめました。高級品だった自動車をより多くの人が使えるようにという彼の思いが、この偉業を成し遂げたのです。

誰かのためにする行動や努力は、人々の支持を得て、必ず大きな実を結ぶのです。

仕事は私たちを、退屈、悪徳、欲望という３つの悪行から救ってくれる。

ヴォルテール（哲学者）

仕事はストレスや苦痛のもとにもなりますが、様々な恩恵をもたらしてくれます。生きていくための収入が得られたり、人脈や経験が増えることに加え、退屈や悪徳、欲をかくことからも守ってくれるのです。仕事に従事することは、私達の自制心を養い、人としての器を磨いてくれるのです。

インスピレーションが沸いてこなければ、自ら迎えにいくまでだ。

ジークムント・フロイト（精神分析学者）

ひらめきやアイデアは突然わいてくるもの。ですが、それをただ待っているだけでは効率が悪くなってしまいます。アイデアがわきやすくなるよう、日頃から色々な分野の本を読んだり、情報を集めておきましょう。引き出しを準備しておけば、インスピレーションを迎えやすくなるのです。

善事はどんな小さなことでも続ければ、花開く。

劉備《りゅうび》（武将）

古代中国で蜀漢《しょくかん》の初代皇帝を務めた劉備の言葉。どんなにささいなことでも、良い行動をすれば必ず自分に返ってきます。職場の机を拭くことで気持ちよく仕事ができたり、人の話を丁寧に聞くことで大きな信頼が得られたり…どんなに小さな善行も、大きな恵みをもたらす種になるのです。

理想なき者に計画なし。
計画なき者に実行なし。
実行なき者に成功なし。

吉田松陰（思想家）

一隅を照らす、これすなわち国の宝なり。

最澄（天台宗の開祖）

一隅を照らすとは、片隅を照らすこと。地味で目立たない仕事も、あなたが責任を持って担うことで、助けられ、支えられる人がいるのです。どんな仕事も、誰かの幸せにつながる尊いもの。与えられた場所で、与えられた役割を懸命に果たせば、大きな喜びと貢献を生み出せるのです。

仕事が楽しみなら、
人生は極楽だ。
仕事が義務なら、
人生は地獄だ。

マクシム・ゴーリキー（作家）
『どん底』

ロシアの貧困について書かれた戯曲『どん底』の一節。人生の多くの時間を費やす仕事。それを楽しみと感じるか義務と感じるかで、人生の色合いも大きく変わるでしょう。受け身でいると、義務感が強まって苦しくなります。小さくてもいいので楽しみを見出し、主体性を持って取り組みましょう。

自分ひとりでやるよりも、
他人の助けを借りる方が
よりよい仕事ができると
悟ったとき、
人は偉大なる成長を遂げる。

アンドリュー・カーネギー（実業家）

鉄鋼王と称され、晩年は慈善活動にも注力したカーネギーの言葉。自分の力で成果を上げることも大切ですが、一人でできることには限界があり、視野も狭まります。人と協力し合えば、アイデアや力を持ち寄ってより大きな成果が望めるでしょう。人との関わりは大きな飛躍を生み出すのです。

役に立たないように
見えるものでも、
必要になって役立つこともある。
この世に無用なものは
存在しない。

老子（思想家）

転職などで人生の変化を迎えると、これまでの時間は無駄だったのかと思うこともあるでしょう。しかし、前職で得た知識が新しい仕事にも役立つなど、どんな経験も人生の糧として活かせるのです。懸命に学んだことは、あなたを裏切りません。どんなものも最大限に活かしていきましょう。

どれほどひどい
状況の中にあろうと、
いつでも必ず、
希望の歌声は
聞こえてくるものだ。

ラルフ・ワルド・エマーソン（思想家）

道は我々が見つけるか、
もしくは我々が作るのだ。

ハンニバル（軍人）

紀元前のカルタゴの軍人の言葉。前例がないことに挑むのは、勇気がいるもの。ですが、これまで偉業を成し遂げた人達も、最初は何もないところから努力を始め、成功をつかんだのです。歩き出せば、あなたの後ろに道ができていきます。どんな道も、自分を信じて進んでいきましょう。

第4章　素敵な恋愛・結婚がしたいとき

愛されることより、
愛することに愛は存在する。

アリストテレス（哲学者）

愛する者は不可能を信じる。

エリザベス・ブラウニング（詩人）

みずから苦しむか、
もしくは他人を苦しませるか、
そのいずれかなしには
恋愛というものは存在しない。

アンリ・ド・レニエ（詩人）

恋に落ちるのに重力は関係ない。

アルベルト・アインシュタイン（物理学者）

重力は常に等しく、狂いなく存在しているもの。この世の全てのものは、その力に抗うことはできません。しかし、恋だけは重力の支配を逃れ、予期せぬ時に私達の心に落ちてきます。誰にもそれを阻むことはできません。どんな法則や力もかなわないもの。それが恋なのです。

愛は何一つ許さないか、それともすべてを許すものです。

オノレ・ド・バルザック（作家）
『ふくろう党員』

フランス革命後の社会を描いた『人間喜劇』で知られるバルザックの言葉。愛は人に、支配と理解を与えます。愛するが故に相手を意のままにしたいという欲望と、全てを受け入れようとする寛容の狭間で、人は揺れ動くのです。その葛藤を経て人の愛は成熟し、高められていくのでしょう。

人を愛したら
賢いままでいることは
不可能になる。

フランシス・ベーコン（哲学者）

16〜17世紀のイギリスで、近代科学の目線から哲学を研究したベーコンの言葉。愛は、頭ではなく心でするもの。どんなに強靭な理屈や理性も、愛の前には力を失います。賢さに縛られていては、恋はできません。理屈を捨ててありのままの自分で向き合うのが、愛なのです。

初恋は少しの愚かさと多くの好奇心にすぎない。

ジョージ・バーナード・ショー（劇作家）

初恋は結ばれるのが難しいと言われています。それは、まだ愛の本質がわかっておらず、多くの好奇心や欲に彩られたものだからかもしれません。そしてそれ故に、初恋はまぶしく心に残るもの。自分の初恋を愚かだったと振り返れるようになった時、あなたの愛は成熟したと言えるでしょう。

恋は涙のように
目から発して
胸に落ちる。

プブリリウス・シュルス（劇作家）

愛は対等でなければよいものとは言えないのです。

マリー・ド・フランス（詩人）
『短詩集』

優雅な詩を多く残した、12世紀後半のフランスの詩人の言葉。親密な関係になるほど、相手への要求や期待が高まり、不満も出てくるでしょう。しかし、どれほど親しい仲であっても、相手も一人の人間。お互いに尊重し合う気持ちを忘れないことが、豊かな愛を育むのに必要です。

目で説き伏せられなければ、口で説き伏せられるわけがない。

フランツ・グリルパルツァー（劇作家）
『祖先の女』

『サッフォー』『金羊皮』などの作品を書いた、オーストリアの劇作家の言葉。「目は口ほどにものを言う」と言われるように、目にはその人の心や意志がそのまま表れます。どんなに美しい言葉で飾り立てても、目の輝きはごまかせません。相手の真意を知りたい時は、その目を見つめてみましょう。

恋は多くの苦痛を包むオブラアトなり。

国木田独歩（詩人、小説家）
『病状録』

自然主義文学の先駆けと言われ、『婦人画報』の創刊にも携わった明治の詩人の言葉。日常の中で様々な苦しみや悲しみに襲われても、愛する人がいれば痛みを和らげることができます。困難にあっても、乗り越えようという気力を高めてくれます。恋は、あなたを支え、励ます光なのです。

恋人同士の喧嘩は愛の更新なり。

テレンティウス（劇作家）

紀元前の共和制ローマで活躍した劇作家の言葉。相手を攻撃し、仲を裂く喧嘩は避けたいものですが、お互いの考えを伝え、理解し合うための喧嘩は愛を深めます。自分の気持ちや言い分を相手に押し付けようとせず、お互いの主張を聞き、歩み寄ることが、喧嘩を愛に変える鍵になるでしょう。

結婚前には
両目を大きく開いて見よ。
結婚してからは
片目を閉じよ。

トーマス・フラー（神学者）

愛されることに
執着しすぎてはいけない。
愛は憎しみより大胆で、
愛着は畏敬の念より図々しい。

バルタザール・グラシアン（哲学者）

イエズス会の司祭を務め、数々の著作を残した、17世紀のスペインの哲学者の言葉。愛されたいとは誰もが願うこと。しかしそこに執着しすぎると、思い通りにならないことへの怒りや、相手への支配が生じます。愛は人の欲をかき立てる力も秘めています。その強さにのまれないようにしましょう。

慢心の始まるところに、恋愛は終わる。

ヨハン・カスパー・ラヴァーター（牧師）

近代観相学の祖と言われる、18世紀のスイスの牧師の言葉。おごり高ぶった態度は、相手に不快な感情をもたらします。どんなに長い年月をともにしていても、ほんの小さなほころびで恋を失ってしまうのはよくあること。どんなに親しい関係になっても、謙虚さと尊重の心を忘れずに。

愛することは、
憎むことを知る初めである。

永井荷風（小説家）
『歓楽』

留学体験をもとに書いた『あめりか物語』などで知られる作家の言葉。愛と憎しみは正反対の感情ですが、実は表裏一体のもの。相手への愛が募るほどに期待も高まり、相手の言動が許しがたくなるのです。行き来する愛と憎しみに翻弄されず、その手綱を握ることが大切です。

我よく人を愛すれば、人また我を愛す。

伊藤仁斎（儒学者）

江戸時代前期に活躍した儒学者の言葉。人間関係は鏡のようなもので、こちらが優しく接すれば、周りの人も優しく接してくれるのです。人から愛されたいと思うのなら、周りに期待や要求するばかりではなく、自分から愛するようにしましょう。

愛したことが
まったくないよりも、
愛して失ってしまった方が
勝っている。

テニスン（詩人）
『イン・メモリアム』

男がありとあらゆる
理屈を並べても、
女の一滴の涙には
かなわない。

ヴォルテール（哲学者）

歌に上達しようと思うなら、恋をしなさい。

与謝野晶子（歌人、詩人）

歌集『みだれ髪』などで知られる、浪漫主義の歌人の言葉。恋をすると、日常の見慣れた風景が一変します。何気ないものをいとおしく思えたり、人の微細な心にも共感できるようになるでしょう。恋はあなたの心を磨き、眠っていた力を呼び覚まします。そして世界を鮮やかに彩るのです。

純粋に愛することは、
隔たりへの同意である。
自分を愛するものとの
あいだにある隔たりを
何より尊重することだ。

シモーヌ・ヴェイユ（哲学者）

不幸が真理に至るという考えを説いた、フランスの哲学者の言葉。どんなに深く愛しても、人と人との間には埋められない距離があります。それは価値観の違いであり、一人の人間としての自由でもあるのです。お互いの違いを認め合い、尊重できること。そこに真実の愛が芽生えるのです。

愛されるとは
燃え上がること。
愛するとは尽きない油で
照り輝くこと。

リルケ（詩人）
『マルテの手紙』

あの人が私を愛してから、
自分が自分にとって
どれほど価値のあるものに
なったことだろう。

ヨハン・ヴォルフガング・フォン・ゲーテ（劇作家）

世界中のどこかに、自分を必要としてくれる人がいる。これに勝る喜びはありません。その人のためならと、自分でも思いもしなかった力や才能があふれてくるでしょう。誰かを愛するほどに、自分の中に生きる希望や自信がわいてくるのです。愛は、存在することの幸せを教えてくれるのです。

恋は炎であるとともに、光でなければならない。

ヘンリー・デイヴィッド・ソロー（作家）

ウォールデン湖のそばで生活し、『森の生活』を著したアメリカの作家の言葉。恋はお互いの情熱をかき立てる炎となりますが、同時に光であることが大切です。この光は、悩みなどの心の闇を照らし、生きる希望になるのです。恋が光であり続ければ、二人の絆が壊れることはありません。

愛するとはどんなことか知っていますか。自分を殺して、相手の中に生きることです。

オノレ・デュルフェ（作家）
『アストレ』

17世紀のフランスで人気を博した、牧歌的恋愛小説『アストレ』からの一節。人は誰でも、自分のために生きています。ですが、愛する人ができると、その人のために生きたいと願うようになるのです。自分より誰かのことを大切に思えるようになった時、あなたの中に深い愛が芽生えるでしょう。

愛してその人を得ることは
最上である。
愛してその人を失うことは、
その次に良い。

ウィリアム・メイクピース・サッカレー（作家）

『虚栄の市』などを書いた、19世紀のイギリスの作家の言葉。誰でも、好きな人とは結ばれたいと願うもの。しかし、たとえ結ばれなかったとしても、心から人を愛した記憶はあなたの中に残ります。悲恋に終わっても、それほどいとしく思える人と出会えたことに、いつか微笑む日が来るでしょう。

愛に触れると、
誰でも詩人になる。

プラトン（哲学者）

愛はすべてをひとに
与えてしまったときに、
もっとも富んでいる。

カール・グッコー（作家）

青年ドイツ派の中心として活躍した、19世紀の作家の言葉。自分の持てる全てを人に与えた時、その手元には愛が残ります。それは人を心から思い、大切にしたことへの見返りなのです。愛は、自分が注いだ分だけ、豊かになっていくのです。

第5章　悩みや迷いを解決したいとき

私は決して障害に屈しはしない。
いかなる障害も、
私の中に強い決意を生み出すまでだ。

レオナルド・ダ・ヴィンチ（画家、科学者）

たやすくなる前は何もかも難しいものだ。

ヨハン・ヴォルフガング・フォン・ゲーテ（劇作家）

大事なものを捨てると、
道が開けるようになる。

空也（僧）

夢があるから前に進めるのだ。

アレクサンドロス3世（マケドニア王）

アレクサンドロス3世は、ユーラシア大陸を一つの国に統合するという夢を掲げ、三万以上の軍を率いての遠征を試みました。成し遂げたい夢があったからこそ、それだけの偉業に臨む力を発揮できたのです。困難に立ち止まってしまった時は夢を思い出し、前に進む力をもらいましょう。

苦は楽の種、楽は苦の種と知るべし。

徳川光圀（水戸藩２代目藩主）

水戸黄門として知られる徳川光圀の言葉。誰でも、苦労より楽を望むもの。しかし、苦労すればその分だけ成長することができ、その後に起きる困難にも対処できる力が得られます。今、直面している問題も、いつかは自分の力になってくれると信じ、乗り越えていきましょう。

自分の心に固く決意すれば、
目的は既に半分達成されたも
同然だ。

エイブラハム・リンカーン
（第16代アメリカ合衆国大統領）

困難を前に、挫折するか乗り越えるか。その差を生み出すのは能力や運などもありますが、一番大きな要因は決意の強さです。どんな困難も「必ず克服する」と決めること。その決意が、どんな状況にあっても諦めず、創意工夫して克服をつかむ鍵になるでしょう。

神は
われわれを人間にするために、
何らかの欠点を与えた。

ウィリアム・シェイクスピア（劇作家）

自分の弱さや欠点に悩んだり、苦しむこともあるでしょう。しかし、その弱さこそがあなたの人間らしさであり、魅力の一つでもあるのです。弱さをそのまま受け入れれば、心が楽になります。あなたは、ありのままで十分素晴らしい存在なのです。

あちこち
旅してまわっても、
自分から逃げることは
できない。

アーネスト・ヘミングウェイ（作家）

自分は大した人間ではないと思うな。そんなことは決して考えるな。他人からそんなものだと思われてしまう。

アントニー・トロロープ（作家）

19世紀に活躍した、イギリスの作家の言葉。謙虚さは大切ですが、自分を過小評価するのはやめましょう。「自分は大したことない」と考えていると、それに見合った現実が訪れてしまいます。あなたは、この世でたった一人しかいない存在。かけがえのない自分に、誇りと尊厳を持ちましょう。

自分の心の中で正しいと
信じていることをすればよろしい。
しても悪口を言われ、
しなくても悪口を言われる。
どちらにしても批判を
逃れることはできない。

エレノア・ルーズベルト（アメリカ合衆国大統領
フランクリン・ルーズベルトの妻）

人権活動家としても名高いエレノアの言葉。どんな行動にも、批判はつきもの。客観的な意見として受け入れることは大切ですが、それに足を取られる必要はありません。大切なのは、意見を合わせることではなく、自分の信念を貫くこと。あなたはあなたの道を行けばいいのです。

どうにもならないことは、忘れることが幸福だ。

ドイツのことわざ

人生には、どうしようもないことが多々あります。その理不尽さや苦しみに、打ちひしがれることもあるでしょう。しかし、それらにいつまでも歯向かったり、あがいていても仕方がありません。どうにもできないことは潔く忘れること。そして違うところで人生を楽しめばいいのです。

足りないものを
嘆くのではなく、
今あるものを大いに喜ぶ。
それが真に賢い者である。

エピクテトス（哲学者）

あれもない、これもない……と考えていると、不満ばかりが募り、物事に挑戦する意欲も削がれてしまいます。そんな思考に陥っていると感じたら、今あるものに目を向けましょう。当たり前と思っていたものの価値に気づけば、喜びにあふれ、それらを活かして前に進むことができるでしょう。

今、膿《うみ》を出してしまえば、
この先、苦しまずにすみます。
早く決意しなさい。

緒方洪庵（医学者）

オランダ人から医学を学び、適塾を開いた緒方洪庵の言葉。膿を出すのは大変で、痛みを伴うこともあります。しかしそのまま放置すれば、悪化する恐れもあるのです。人生の困難も同じこと。苦しいことも早めに対処すれば、その後が楽になります。勇気を出して、今、解決しましょう。

扉が閉じたら
もうひとつの扉が開く。
だが、閉じられた扉を
悔しそうに
じっと見つめていては
別の扉が開いたことに
気づかない。

グラハム・ベル（科学者）

ものは見方によってすべてが変わる。

荘子（思想家）

他人に対して
自分が劣っていると
思う気持ちは、
体にあるアザやシミや
ホクロのようなもの。

沢庵（臨済宗の僧）

剣術の腕も教養もないと嘆く武士に、沢庵は「アザやシミ、ホクロのない人がいないように、劣等感を抱かない人はいない」と説きました。そのぐらい、劣等感は誰もが抱くものなのです。「劣等感はホクロのようなもの」と思って、自分を否定する気持ちを手放しましょう。

不満を募らせる人間に、居心地のよい椅子は決して見つからない。

ベンジャミン・フランクリン（政治家）

不満は誰にでもあること。しかし、不満ばかりを口にしていると、周囲の人が離れていってしまいます。物事への意欲も下がり、成果も落ちるでしょう。不満を募らせると、自分の首をしめることになるのです。不満はできる限り慎み、改善策やできることに目を向けましょう。

心を楽にする秘訣は弱みをさらけ出すことである。

空海（真言宗の開祖）

中国で真言密教を学び、高野山を開いた空海の言葉。弱みや欠点を隠して偽りの自分を演じると、人付き合いが苦しくなります。弱みを見せるのは勇気がいりますが、思い切ってさらけ出せば、意外と受け入れてもらえるもの。気が楽になってストレスが減り、人との関係も深まるでしょう。

不遇はナイフのようなものだ。刃をつかめば手を切るが、柄をつかめば役に立つ。

ハーマン・メルヴィル（作家）

『白鯨』で知られる、19世紀のアメリカの作家の言葉。人生に起こる出来事は、誰にもコントロールできません。しかし、それをどう活かすかは、自分で決められるのです。不運に傷つき、嘆き続けるのか、そこから学んで自分を成長させるのか。どちらを選ぶかで人生は大きく変わるでしょう。

聖人とされる人でも完璧な人はいない。

天海（天台宗の僧）

徳川家康に仕え、幕府の政策に関わった僧の言葉。完璧を求めて向上するのは素晴らしいことですが、そのために自分を苦しめるのはやめましょう。どんな人も、欠点や弱みを持っているもの。完璧を求める気持ちを手放せば、あなたの長所や魅力がのびのびと発揮されるでしょう。

運命が甘いものにせよ、苦いものにせよ、好ましい糧として役立てよう。

ヘルマン・ヘッセ（作家）

自身の挫折体験をもとにして書いた『車輪の下』が有名な、ドイツの作家の言葉。運命は時に甘く、時に苦く私達を翻弄します。運命を変えることはできませんが、そこから学び、人生に役立てることはできます。人生の主人公は自分。どんな荒波にあっても、その主導権をしっかり握りましょう。

逆境に陥ったら、思い出せ。
飛行機は向かい風があって
飛び立てるのであって、
追い風に運ばれる
わけではないのだ。

ヘンリー・フォード（実業家）

もっとも愚かな人間とは、他人が責めていないのに、自分勝手に自分で自分を責める人のことをいう。

ハインリッヒ・シュリーマン（考古学者）

トロイア遺跡を発掘した、ドイツの考古学者の言葉。

自分の過ちや未熟さを知り、改善することは大切ですが、責めすぎると自信がなくなり、行動する勇気や意欲が失われてしまいます。自分を痛めつけるのではなく、あたたかく見守り、励ます心を持つことが、前向きさを取り戻す鍵になります。

あるべき姿に逆らうと、
不幸が生じる。

明恵（華厳宗の僧）

茶の普及に貢献した、鎌倉時代の僧の言葉。周囲や世間の声に合わせて自分を偽ると、居心地の悪さや苦痛を感じます。人は、ありのままでいられる時が、最も心地よく幸せを感じるもの。能力も最大限に発揮することができます。ありのままの自分でいることを大切にしましょう。

恐れていることをやってみろ。そうすれば恐怖心は跡形もなく消え去る。

ラルフ・ワルド・エマーソン（思想家）

人は「未知を恐れるもの。「怖い」と思うと恐怖心がますます高まり、緊張や不安に襲われます。しかし、実際にやってみれば物事は意外とうまくいくもの。克服すれば自信が得られ、次の挑戦への度胸がつきます。恐怖に支配されていると感じたら、思い切って飛び込む勇気を持ちましょう。

運命は我々に
幸福も不幸も与えない。
ただその素材と種子を
提供するだけだ。

ミシェル・ド・モンテーニュ（哲学者）

随筆録『エセー』で、人としての正しい生き方を説いた、フランスの哲学者の言葉。自分がどう受け止めるかで、運命は幸福にも不幸にもなります。起こる出来事をどう受け止め、どのように活かしていくのかは自分次第。人生の主人公は、運命ではなく自分だということを忘れずに。

今から数年もたてば、私の現在の悩みなど、およそくだらないものに思えてくるだろう。その悩みがありがたく思えてくるだろう。

サミュエル・ジョンソン（文学者）

英語辞典の編纂やシェイクスピアの研究をした、イギリス人の文学者の言葉。どんなに辛いことも、数年も経てば懐かしい思い出に変わります。頑張っていた自分をいとしく思えたり、悩んだからこそ学べたことに感謝できるでしょう。どんな悩みもいつかは笑えると思えば、気が楽になります。

心からの祈りによって
成し遂げられないものは、
この世にない。

マハトマ・ガンジー（政治指導者）

イギリスの支配に抵抗し、インドの独立を目指したガンジー。その道のりは苦難に満ちたものでしたが、信念である「非暴力、不服従」を掲げ、見事に成し遂げました。心からの祈りは、どんな困難にも打ち勝つ力を持っています。諦めずに祈り、行動し続ければ、どんな道も開かれるでしょう。

前途は遠い。そして暗い。
しかし恐れてはならぬ。
恐れない者の前に
道は開ける。
行け。勇んで。
小さき者よ。

有島武郎（作家）
『小さき者へ』

人生で学んだすべては
三語にまとめられる。
それは
「何があっても人生には
続きがある（It goes on）」
ということだ。

ロバート・フロスト（詩人）

農村生活を題材にした作品を書き、ピューリッツァー賞を受賞したアメリカの詩人の言葉。もうこれで終わりだ…と思っても、人生は続いていきます。夜が必ず明けるように、終わらない絶望はないのです。立ち止まっても、また歩き出せば、新しい人生のページがあなたを迎えてくれるのです。

第6章　充実した人生を送りたいとき

私たちはいわば、二度この世に生まれる。
一度目は存在するために、
二度目は生きるために。

ジャン＝ジャック・ルソー（哲学者）

運命がカードをまぜ、
我々が勝負をする。

アルトゥル・ショーペンハウアー（哲学者）

昨日から学び、今日を生き、明日へ期待しよう。

アルベルト・アインシュタイン（物理学者）

何を幸福と考え、
不幸として考えるか。
その考え方が
幸、不幸の分かれ目となる。

デール・カーネギー（実業家）

自己啓発書の名著『人を動かす』が世界中で読み継がれているカーネギーの言葉。幸せに、決まった形はありません。どんなに裕福な環境にいても満たされない人もいれば、貧しくても日々生きられることに喜びをかみしめる人もいるのです。幸せを決めるのは、自分の心なのです。

ただ、自分を信じるのだ。
そうすれば、
どう生きるべきかが見えてくる。

ヨハン・ヴォルフガング・フォン・ゲーテ（劇作家）

人生の選択に迷った時、世間の声や周囲からの期待に翻弄されると、ますます迷ってしまいます。しかし、あなたの人生を導く羅針盤は、あなたの中にあるのです。どんな時も大切なのは、自分の心や望みを信じること。そうすれば世間や社会に惑わされず、自信を持って人生の道を選べるでしょう。

昼に夢を見る者は、
夜にしか夢を見ない者が見逃す、
多くのことに気づいている。

エドガー・アラン・ポー（作家）

世界初の推理小説家と言われる、19世紀のアメリカの作家の言葉。昼に多くの夢を見る人は、人生を想像力豊かに思い描くことができ、その分の可能性を手にできるのでしょう。心に思い描ける夢は、叶えられるもの。多くの夢を見る人は、多くの夢を生きることができるのです。

最善の生き方は、明日のことは考えないようにすることである。

一休（臨済宗の僧）

室町時代に活躍した名僧・一休の言葉。心配は尽きることなく浮かび、私達の心を支配します。しかし、どんなに思い悩んでも、この先どうなるかは誰にもわかりません。未来に心くもらせるより、目の前の今日を味わい尽くす方が、多くの幸せや満足を得られるでしょう。

釣れないときは、
魚が考える時間を
与えてくれたと
思えばいい。

アーネスト・ヘミングウェイ（作家）

人生とは実験である。実験を重ねれば重ねるほど、より良い人生となっていく。

ラルフ・ワルド・エマーソン（思想家）

人生は「試してみること」の連続です。叶えたい夢を持ち、実現する方法を考え、試してみる。思い通りにいかないことも多く、他の人が成功するのを見て、焦ることもあるでしょう。それでも粘り強く試していけば、多くの失敗や試行錯誤の果てに、輝かしい成功をつかむことができるのです。

人生は決して、あらかじめ定められた、すなわち、ちゃんとできあがった一冊の本ではない。各人がそこへ一字一字書いて行く白紙の本だ。生きて行くそのことがすなわち人生なのだ。

大杉栄（思想家、作家）
『社会的理想論』

明治時代、幸徳秋水や堺利彦の思想に共鳴し、社会主義運動を通して多くの影響を与えた大杉栄の言葉。人生のあらすじは、最初から決まっていません。あなたが何を思い、何を選ぶかによって少しずつ書かれていくもの。生きることは、あなただけの物語を綴ることなのです。

みんなが考えているより、
ずっとたくさんの幸福が
世の中にはあるのに、
たいていの人は
それを見つけられない。

モーリス・メーテルリンク（詩人）

童話『青い鳥』を書いた、メーテルリンクの言葉。誰もが、幸せになりたいと願っています。しかし、私達の周りには既にたくさんの幸せがあるのです。おいしい食事、あたたかな家、好きな人との会話、美しく咲く花…幸せを見つける心があれば、人はいつでも、幸せになれるのです。

後悔が夢の居場所を奪うまで、人は老いないものである。

ジョン・バリモア（俳優）

90年代前半に活躍したアメリカの俳優の言葉。夢があれば、人は希望を持って生きられます。明るい心はその人を内側から輝かせ、元気と活力を高めてくれるでしょう。過ぎた日を悔やむより、未来への希望に心躍らせていれば、いつまでも若々しく、いきいきと毎日を過ごせるのです。

奇跡を願ってもよい。しかし奇跡に頼ってはいけない。

ユダヤの格言

人生は、何が起こるのかわかりません。奇跡としか思えない出来事によって、大きな幸運をつかむこともあるでしょう。しかし、いつ来るかわからない奇跡に頼ってはいけません。人生の可能性に心開きながらも、自分にできる努力を懸命に続けていくこと。そういう人に、奇跡は微笑むのです。

この世に永遠のものはなく、
形あるものは、
すべて常に変化していく。

白隠（臨済宗中興の祖）

詩や書画にも長けていた、江戸中期の禅僧の言葉。季節がめぐるように、この世の全てのものは変化し続けます。新しい出会いに心弾ませることもあれば、別れに涙をにじませることもあるでしょう。人の関係も思いも、刻々と形を変えてゆく。それを繰り返しながら、人生は進んでいくのです。

汝自身を知れ。

ソロン（立法家、詩人）

紀元前のアテネの政治・経済改革を行った、古代ギリシアの立法家の言葉。人生を最大限に活かす方法は、自分自身を知ることから始まります。自分がどんな人間で、何を好み、何をしたいと願っているのか…それらを知ることが、人生の道を開く鍵となり、自分だけの幸福につながるのです。

寝床につく時に
翌朝起きることを
楽しみにしている人は
幸福である。

カール・ヒルティ（哲学者）

人生は
一番美しい童話である。

ハンス・クリスチャン・アンデルセン
（作家）

人生の価値は
時間の長さではなく、
その使い方で決まる。

ミシェル・ド・モンテーニュ（哲学者）

同じ1時間でも、好きなことをして過ごすか、ぼんやり過ごすかで、喜びや充実感は大きく変わります。人生も同じこと。どんなに長く生きたとしても、不満や後悔ばかりなら、人生は苦しいものになってしまいます。与えられた時間をどう生きるのか。その選択が、人生の価値を決めるのです。

生きることへの絶望なくして、生きることへの愛はない。

アルベール・カミュ（作家）
『裏と表』

『異邦人』などの作品で、不条理や無情を描いたフランスの作家の言葉。絶望は生きる力を奪います。しかし、絶望するからこそ、ささやかな幸せや喜びに気づけるようになるのです。人生の底に陥った人は、生きることの喜びを深く知り、その後の人生を心から愉しむことができるのでしょう。

人生の出来事は、大空の光の
きらめきのようなもの。
遠くから見れば、
どれもなかなかに美しい。

空海（真言宗の開祖）

失態や過ちを犯して、くよくよと悩みを引きずることもあるでしょう。しかし、どんなものもいつかは、笑って振り返ることができるのです。失敗やつまずきも、あの頃の自分が懸命に生きた証だと、いとおしく思える日が来るでしょう。日常のどんな出来事も、人生の大切なきらめきなのです。

人生は一番勝負なり。指し直す能《あた》わず。

菊池寛（小説家）

『父帰る』などの作品を書き、雑誌『文藝春秋』を創刊した作家の言葉。誰の人生も一度きりのもの。あれこれ迷ったり、後悔しているうちに過ぎ去ってしまいます。これだと思い願うものがあるのなら、覚悟を決めて貫きましょう。必ずやるという研ぎ澄まされた意志が、人生の道を切り開くのです。

私は自分にないものを見て、
自分のことを不幸だと
思っていた。
周りの人は私にあるものを見て、
私のことを幸せだと
思っていた。

ジョセフ・ルー（牧師）

19世紀のフランスの牧師の言葉。ないものに注目すれば、悲しみが生まれます。あるものに注目すれば、喜びに満たされるでしょう。自分が何に目を向けるかで、人生の幸せは大きく変わるもの。ほんの少し目線を変えるだけで、そこにある幸せを手にできるのです。

自分の命は今日しかないという気持ちで、今この瞬間を大切に生きなければならない。

親鸞（浄土真宗の開祖）

私達が生きられるのは「今日」だけです。終わった過去を悔やんだり、まだ来ていない未来を憂いても、何も起こりません。今ここで、何を考えて何をするのか。私達にできるのはそれだけです。今日一日を懸命に生きることが、生きる喜びや充実感をもたらし、人生の幸せにつながるのでしょう。

幸せは去ったあとに
光を放つ。

イギリスのことわざ

覚えていて
悲しんでいるよりも、
忘れて微笑んでいる
ほうがいい。

クリスティーナ・ロセッティ（詩人）

人間は醜い。
だが人生は美しい。

ロートレック（画家）

独自のタッチでパリの人々を描いた、19世紀のフランスの画家の言葉。人は愚かで、簡単に人を傷つけたり、嘘や罪を犯すこともあります。しかしそれでも、人々が紡ぎ出す人生は美しいもの。それは、過ちを犯しながらも懸命に生きた、かけがえのない命が織り込まれているからなのです。

空の星になれないなら、せめて家庭の灯になりなさい。

ジョージ・エリオット（作家）

19世紀のイギリスの作家の言葉。大きなことを成せば、たくさんの人に喜びを与えられます。しかし、それができないからといって嘆く必要はありません。明るい笑顔と心で、自分の周りを照らすこと。それも大きな貢献なのです。与えた幸せは、人から人へ渡り、世界にも広がっていくでしょう。

未来はいくつか
名前を持っている。
弱者にとっては「不可能」。
臆病者にとっては「未知」。
考え深く勇気のあるものに
とっては「理想」。

ヴィクトル・ユーゴー（詩人）

『レ・ミゼラブル』を書き、政治家としても活躍したユーゴーの言葉。これから訪れる未来にどんな名前をつけるのか。それによって、今の自分の在り方も変わるでしょう。不可能や未知におびえていては、十分に力を発揮できません。未来は理想の世界と信じ、希望を抱きましょう。

わかっているようで
わからない。
だから、人生はおもしろいのだ。

蓮如（浄土真宗の僧）

自分の将来がどうなるのかがわかれば、不安や心配は和らぐでしょう。ですが、全ての結果がわかってしまったら、喜びや達成感も得られなくなってしまいます。人生は、どうなるかわからないからおもしろいもの。不安にかられず、予期せぬ喜びに心を開きながら、軽やかに生きましょう。

ランプがまだ
燃えているうちに、
人生を楽しみたまえ。
しぼまないうちに、
バラの花を摘みたまえ。

マルティン・ウステリ（詩人）

命は儚く、いつかは終わるもの。今この瞬間も、過ぎ去れば二度と味わえない、貴重なものなのです。今を心から楽しみ、人生を謳歌すれば、その思い出があなたの心を繰り返しあたためてくれるでしょう。そしていつか、終わりを迎える時に、やわらかな微笑みをもたらすのです。

死は人生の終末ではない。生涯の完成である。

マルティン・ルター（神学者）

宗教改革を行い、歴史に大きな転機をもたらしたルターの言葉。誰でも、死を恐れます。しかし死は生の終わりではなく、あなたの人生を完成させるものなのです。生涯の終わりに、どんな完成を迎えたいのか。そのことに思いを馳せれば、日々の生き方が変わってくるでしょう。

未来は「今、我々が何をするか」にかかっている。

マハトマ・ガンジー（政治指導者）

未来は無限の可能性を秘めて、あなたの前に広がっています。真っ白な未来をどんな色に染めていくかは、あなた次第。今日、何を思って何をするかが、未来を創っていきます。未来は、今を生きる私達の足跡でもあるのです。

すべての日が
それぞれの贈り物を
持っている。

マルティアリス（詩人）

[画像提供]

カバー　Standret/Shutterstock
P8　photowings/Shutterstock
P14　dpaint/Shutterstock
P20　Zurijeta/Shutterstock
P21　Muh/Shutterstock
P28　ievgen sosnytskyi/Shutterstock
P35　Kamira/Shutterstock
P38　Milosz_G/Shutterstock
P46　Tania Thomson/Shutterstock
P47　Roxana Bashyrova/Shutterstock
P52　littlesam/Shutterstock
P53　mythja/Shutterstock
P60　JLR Photography/Shutterstock
P65　Aless/Shutterstock
P68　Paul Clarke/Shutterstock
P74　Kiselev Andrey Valerevich/Shutterstock
P81　Tatiana Grozetskaya/Shutterstock
P86　wong yu liang/Shutterstock
P87　Diego Cervo/Shutterstock
P92　Oleg Golovnev/Shutterstock
P97　Anna Omelchenko/Shutterstock
P100　Yellowj/Shutterstock
P106　fotohunter/Shutterstock
P111　AlexussK/Shutterstock
P116　legenda/Shutterstock
P117　Marina Grau/Shutterstock
P120　Joyce Sherwin/Shutterstock
P125　Yuttasak Jannarong/Shutterstock
P128　Tomas Tichy/Shutterstock
P134　ChaiyonS021/Shutterstock
P140　Dr. Cloud/Shutterstock
P141　Vaclav Volrab/Shutterstock
P148　dade72/Shutterstock
P155　Eugene Sergeev/Shutterstock
P158　PETRUK VIKTOR/Shutterstock
P164　Alexey Repka/Shutterstock
P172　nienora/Shutterstock
P173　LiliGraphie/Shutterstock
P180　Onda/Shutterstock
P181　Fanfo/Shutterstock
P189　Andrey Bayda/Shutterstock

[参考文献]

心に刻みたい賢人の言葉（あさ出版）
人生の言葉（日本ブックエース）
心に火をつける言葉（総合法令出版）
勇気が持てる運命の言葉（成美堂出版）
心のルネッサンス！名僧、101 の名言（成美堂出版）
人生の指針が見つかる「座右の銘 1300」（宝島社）
ほか

装丁デザイン　宮下 ヨシヲ
（サイフォン グラフィカ）
編集人　伊藤 光恵（リベラル社）
編集・本文デザイン　渡辺 靖子（リベラル社）

運命を変える 偉人の言葉

2014年7月20日　初版
2016年6月29日　再版

編　集　リベラル社
発行者　隅田　直樹
発行所　株式会社 リベラル社
〒460-0008
名古屋市中区栄3-7-9 新鏡栄ビル8F
TEL　052-261-9101
FAX　052-261-9134
http://liberalsya.com

発　売　株式会社 星雲社
〒112-0012
東京都文京区大塚3-21-10
TEL　03-3947-1021

ISBN978-4-434-19504-4　42002